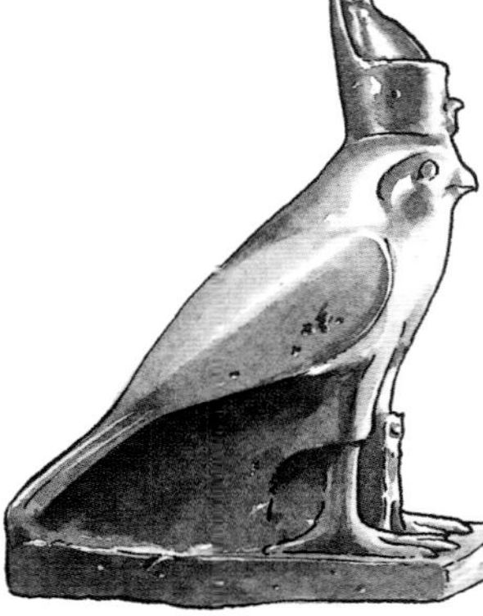

Köpling

Imke Rudel

Leselöwen

Pyramiden-Wissen

Illustrationen von Alexander Jung

Loewe

Der Umwelt zuliebe ist dieses Buch
auf chlorfrei gebleichtem Papier gedruckt.

ISBN-10: 3-7855-5728-0
ISBN-13: 978-3-7855-5728-0
1. Auflage 2006

Umschlagillustration: Alexander Jung
Umschlaggestaltung: Andreas Henze
Printed in Germany (017)

www.loewe-verlag.de

Inhalt

Eine besondere Begegnung

„Fang mich!“, ruft Sef und läuft los. Seine Schwester Neferu rennt, so schnell sie kann, aber Sefs Vorsprung ist zu groß. Lachend erreicht er als Erster den großen Felsen und klettert hinauf. Als Neferu am Felsen ankommt, ist Sef schon oben und schaut sehnsüchtig auf die andere Seite. Dort ist die Baustelle der großen Pyramide.

Solange Sef denken kann, wächst die Pyramide jedes Jahr ein Stückchen weiter gen Himmel. Und mindestens genauso lange wünscht er sich, sie endlich einmal aus der Nähe zu sehen. Aber das erlauben ihm seine Eltern nicht. „Träumst du schon wieder?“, fragt Neferu und lässt sich atemlos neben Sef fallen.

„Ich kann die ewigen Sticheleien von Ammon einfach nicht mehr ertragen!“, stößt Sef wütend hervor. „Jeden Abend erzählt er neue Geschichten von der

Baustelle, und alle hängen gespannt an seinen Lippen."

„Bist du etwa neidisch auf Ammon?", will Neferu wissen. „So ein Quatsch!", meint Sef, aber seine Ohren laufen knallrot an. „Ich finde es nur gemein, dass er mich immer noch wie ein kleines Kind behandelt. Dabei bin ich schon fast erwachsen und darf bei der nächsten Nilüberschwemmung auch auf der Baustelle arbeiten."

„Warum ärgerst du dich dann? Freu dich doch einfach darauf, dass du bald mit den Männern mitgehen darfst."

Natürlich hat Neferu mal wieder Recht, aber Sef ist trotzdem unzufrieden. Sein Bruder Ammon lässt ihn bei jeder Gelegenheit spüren, dass er der Ältere ist.

Inzwischen gehört Ammon zwar zu den Erwachsenen, aber er hat seine Jugendlocke erst vor kurzer Zeit verloren. Bis dahin waren Sef und Ammon die besten Freunde, doch jetzt ist nichts mehr mit ihm anzufangen. Was gäbe Sef nicht alles darum, einmal etwas zu erleben, was seinen älteren Bruder zum Staunen bringt!

Jedes Jahr während der Nilüberschwemmung gehen die Männer aus Sefs Familie für ein paar Monate zum Arbeiten auf die Baustelle des Pharaos. Sie sind Bauern, und solange ihre Felder unter Wasser stehen, arbeiten sie für ihren König. Zum Dank bekommen sie Getreide aus seinen Vorratskammern.

Als die Familie am Abend zusammensitzt, fängt Ammon natürlich wieder an, von der Pyramide zu erzählen. Er beschreibt herrliche Wandmalereien und geheimnisvolle Schriftzeichen, die er angeblich gesehen hat. Die Frauen und kleineren Kinder der Familie hängen wie immer an seinen Lippen, und auch Sef hört zu, obwohl er sich am liebsten die Ohren zuhalten würde.

In dieser Nacht wälzt er sich lange auf seiner Schilfmatte hin und her. Er beschließt, den Männern am nächsten Tag heimlich zu folgen, um endlich selbst all die wunderbaren Dinge zu sehen. Sef rüttelt Neferu wach und erzählt ihr von dem Plan. Zu seinem Erstaunen ist sie sofort begeistert und will unbedingt mitkommen. Voller Vorfreude kann er endlich einschlafen.

Am nächsten Morgen erledigen die Geschwister in Windeseile ihre Aufgaben. Nachdem die Männer aufgebrochen sind, schleichen Sef und Neferu ihnen mit großem Abstand hinterher.

Je näher sie kommen, umso größer wird die Pyramide, und nach einer Weile stehen sie staunend am Rand der Baustelle. Niemals hätte Sef gedacht, dass die Pyramide so groß sein könnte!

Aus allen Richtungen treffen immer mehr Arbeiter ein. Viele von ihnen leben in einem Lager direkt neben der Baustelle. Andere kommen, wie die Männer aus Sefs Familie, aus den Dörfern der Umgebung.

„Los, wir verstecken uns zwischen den Steinen dort drüben", flüstert Sef in Neferus Ohr.

Kurz darauf sitzen die beiden im Schatten zwischen den Steinen für den Pyramidenbau. Sie haben einen guten Blick auf die Rampe, auf der die Arbeiter die Steine hochziehen.

Nach einer Weile reckt Sef den Hals und schaut sich um. „Suchst du etwas Bestimmtes?", will Neferu wissen.

„Wo ist denn die lange Leiter für den Pharao?“, fragt Sef. „Ammon hat doch erzählt, dass jeder Pharao nach seinem Tod zum Sonnengott Re in den Himmel steigt.“

Neferu schaut ihn erst verständnislos an. Dann beginnt sie zu kichern. „Die ganze Pyramide ist die Leiter, du Dummkopf. Auf ihren Stufen steigt der Pharao zu Re hinauf.“

„Ach so!“, brummelt Sef. „Und von den herrlichen Wandbildern ist auch nichts zu sehen“, meint er und ist schrecklich enttäuscht.

„Die sind doch in den Grabkammern tief unter der Pyramide“, erklärt Neferu.

„Meinetwegen können wir dann wieder nach Hause gehen“, will Sef gerade sagen, als Neferu ihm schnell den Mund zuhält. Ammon geht zusammen mit dem Vater und anderen Männern dicht an ihrem Versteck vorbei.

„Wo gehen sie hin?“, fragt Neferu leise.

„Das ist der Weg zum Fluss“, flüstert Sef. „Ammon hat doch erzählt, dass sie oft mit Schiffen zum Steinbruch fahren und die Steine auf dem Nil zur Baustelle bringen.“

Als die Männer gerade verschwunden sind, hören die Geschwister Töne, die ihnen ganz fremd sind. Neferu rückt nah an Sef heran, und beide lauschen verwundert der Musik, die langsam lauter wird.

Aus ihrem Versteck heraus können sie bald darauf einige Frauen erkennen, die Instrumente in den Händen halten und langsam an ihnen vorbeiziehen.

„Ich glaube, das sind Leiern“, sagt Neferu leise, und dann halten beide

Kinder den Atem an. Acht Soldaten tragen eine Sänfte. Und hoch oben, auf einem goldenen Thron, sitzt der Pharao, der sich selbst von den Fortschritten an seiner Pyramide überzeugen will. Neben der Sänfte gehen Diener mit großen Wedeln aus Straußenfedern, mit denen sie ihrem König Luft zufächeln. Der Pharao schaut direkt in den Spalt zwischen den Steinen, wo Neferu und Sef sitzen. Neferu senkt sofort den Blick, wie es allen Kindern beigebracht wird, aber Sef ist wie verzaubert. Er kann seine Augen nicht vom Gesicht des Pharaos abwenden und ist wie geblendet vom Anblick seines Königs.

Hat ihn der Pharao bemerkt? Aber der König zieht vorbei und lässt mit keinem Augenzwinkern erkennen, ob er die Geschwister zwischen den Steinen entdeckt hat.

Seufzend schaut Sef auf die Stelle, an der er den Pharao eben noch gesehen hat. So nah wird er seinem göttlichen König wohl nie wieder kommen.

Aber was schwebt denn da durch die Luft?

Sef blinzelt und schaut genau hin: Eine Straußenfeder hat sich aus einem Wedel gelöst und fliegt genau auf ihn zu. Er streckt die Hand aus und hält sie fest. Was für ein wunderbares Andenken an den schönsten Augenblick seines Lebens!

Aber das Tollste dabei ist, dass heute Abend Sef die beste Geschichte erzählen wird. Die Feder ist der ideale Beweis. Und er ist sich ganz sicher, dass nicht nur Ammon ihm mit offenem Mund zuhören wird.

Die Gräber der Pharaonen

Im alten Ägypten glaubten die Menschen an ein Leben nach dem Tod. Essen, Getränke und alles andere, was der Verstorbene für sein Leben im Jenseits brauchen würde, wurden ihm mit ins Grab gegeben.

Die Gräber der Pharaonen mussten besonders eindrucksvoll und haltbar sein. In der Zeit vor den Pyramiden ließen sich Könige und reiche Ägypter ein flaches Gebäude aus Steinen über einer unterirdischen Grabkammer errichten. So eine Grabanlage wurde **Mastaba** genannt.

König Djoser im dritten Jahrtausend v. Chr. war eine Mastaba als Grab nicht eindrucksvoll genug. Er ließ fünf weitere Mastabas aufeinander türmen, und so entstand die erste Pyramide. Auf seiner **Stufenpyramide** wollte Djoser wie auf einer großen Leiter direkt zum Sonnengott Re in den Himmel steigen.

Die Pharaonen ließen ihre Pyramiden bauen, während sie noch am Leben waren. Wenn der Nil die Felder überschwemmt hatte, dann halfen auch Bauern beim Pyramidenbau mit. Die Steine dafür wurden zum Teil in weit entfernten Steinbrüchen geschlagen.

Alle Pyramiden sind als Gräber für verschiedene Pharaonen gebaut worden. Die meisten sind inzwischen verfallen oder in sehr schlechtem Zustand. Immer noch gut erhalten sind die drei **Pyramiden von Gizeh** (gesprochen: Gisee).Sie gehören zu den sieben Weltwundern der Antike.

Die größte Pyramide von Gizeh ließ Pharao Cheops bauen. Nebenan stehen die Pyramiden von Chephren und Mykerinos. Vor der Chephren-Pyramide liegt die **Sphinx**. Dieses Wesen aus der ägyptischen Fabelwelt hat den Körper eines Löwen und den Kopf eines Menschen. Sie ist 20 Meter hoch und 57 Meter lang.

Das Hieroglyphen-Rätsel

„Ausgerechnet ins Museum. Das wird bestimmt megalangweilig!“, stöhnt Malte.

„War doch klar, dass der olle Mittermeier mit uns nicht schwimmen gehen würde“, meint sein Freund Lukas. Aber auch er ist enttäuscht.

„Die Parallelklasse macht ihren Wandertag ins Freibad, und wir müssen in die Ägyptenausstellung. Na super!“, fügt Malte grummelnd hinzu.

Doch am nächsten Morgen betritt nicht Herr Mittermeier das Klassenzimmer, sondern Frau Klüver, die neue Lehrerin.

„Guten Morgen! Heute müsst ihr mit mir vorlieb nehmen. Herr Mittermeier ist leider krank geworden.“

Frau Klüver hat die Klasse schon einige Male unterrichtet, weil der Lehrer häufig krank ist. Die Schüler mögen sie gerne und freuen sich. Malte schreit: „Klasse! Dann können wir ja doch ins Freibad!“

„Nein, Malte, Herr Mittermeier hat die Eintrittskarten fürs Museum schon bestellt. Außerdem ist diese Ausstellung wirklich etwas Besonderes. Du darfst gespannt sein!“

Vor dem Museum wartet schon eine Besucherschlange. Lukas stößt Malte an: „Die müssen ja verrückt sein, bei dem tollen Wetter freiwillig hier anzustehen.“

Frau Klüver hat die Bemerkung gehört und lächelt die beiden Jungen an. „Wartet erst mal ab, was uns drinnen erwartet.“

Als die Klasse nach einer Weile im Museum vor einem goldenen Sarkophag steht, sind tatsächlich auch Lukas und Malte beeindruckt. Der Sarkophag ist

rundherum mit Abbildungen von ägyptischen Göttern verziert. Zu einigen der Götter erzählt Frau Klüver ihnen eine kleine Geschichte: „Dies ist Anubis, der Gott des Todes. Könnt ihr seinen Tierkopf erkennen? Er hat die Gestalt eines Hundes. Seine Aufgabe war es, die Einbalsamierung der Mumien zu überwachen. Und schaut euch jetzt mal diesen Gott mit der Sonnenscheibe über dem Kopf an. Weiß jemand, wer das sein könnte?"

Malte hat *Asterix und Kleopatra* gelesen: „Ist das vielleicht Re, der Sonnengott?"

„Richtig, Malte!" Frau Klüver strahlt ihn an, und Malte findet den Museumsbesuch auf einmal überhaupt nicht mehr langweilig.

Die meisten anderen aus der Klasse sind schon weitergegangen, aber Lukas betrachtet nochmal Anubis, den er vorhin nicht richtig sehen konnte. Auf der Abbildung hat Anubis gerade einen verstorbenen Pharao an der Hand, den er bei den

Totenritualen begleitet. „Unheimliche Vorstellung, einen Toten anzufassen“, denkt Lukas gerade und zuckt erschrocken zusammen, als plötzlich etwas seine Hand berührt.

Frau Klüver steht neben ihm und sagt leise: „Die brauchst du später!“ Gespannt schaut er auf eine Karte, die sie ihm in die Hand geschoben hat: Auf der einen Seite steht der Buchstabe „M“. Lukas dreht die Karte um. Auf der Rückseite ist die Zeichnung von einem Vogel. Darunter steht: „Eule“. Merkwürdig!

Als er Malte eingeholt hat, schaut sein Freund auch etwas ratlos auf eine Karte. Lukas erkennt eine gezackte Linie.

Unter Maltes Zeichen steht: „Wasser“.

„Das könnten Hieroglyphen sein, oder?“, meint Lukas.

„Mensch, du hast Recht!“, sagt Malte, als sie vor dem nächsten Ausstellungsstück stehen. Es ist eine geschnitzte Figur, die mit vielen Hieroglyphen versehen ist, und Malte findet sein Zeichen hier wieder.

Frau Klüver erzählt gerade, dass die Hieroglyphenschrift eine der ältesten Schriften ist, die es gibt: „Meistens stand eine Hieroglyphe für mehrere Buchstaben oder sogar ein ganzes Wort. Es gab aber auch Zeichen für einzelne Buchstaben. Allerdings wurden fast nur Konsonanten geschrieben. Für die Vokale E und U hatte man zum Beispiel keine Hieroglyphen.“

Nach der Ausstellung setzen sich die Schüler auf den Rasen vorm Museum und packen ihr Frühstück aus.

„So“, sagt Frau Klüver, als alle gegessen haben, „und nun holt eure Federmappen und Hefte heraus, und schreibt eine Seite darüber, was euch bei der Ausstellung am besten gefallen hat.“

Malte und Lukas schauen sich entsetzt an. Das kann doch wohl nicht ihr Ernst sein, oder?

Lukas will sich gerade beschweren, als er Frau Klüver lächeln sieht.

„Na, seid ihr darauf reingefallen? Das war natürlich nur Spaß. Aber ich habe tatsächlich noch eine Aufgabe für euch. Ihr habt inzwischen sicher herausgefunden, was das für Zeichnungen sind, die ich vorhin verteilt habe, oder?“

„Hieroglyphen, natürlich!“, ruft es von allen Seiten.

„Klar, was sonst. Und mithilfe der Karten könnt ihr bestimmt diesen Text entziffern“, sagt sie und hält ein Blatt Papier hoch, auf dem ein Text in Hieroglyphenschrift steht. „Jeder von euch hat einen Buchstaben des Textes. Ihr müsst also zusammenarbeiten. Viel Spaß!“

Alle ziehen ihre Karten aus der Tasche und versuchen, ihren Buchstaben im Text zu finden. Wer ihn entdeckt hat, schreit ihn laut heraus. Es ist ein heilloses Durcheinander.

„Halt!“, ruft Lukas. „So kommen wir nicht weiter. Wie wäre es, wenn wir die Hieroglyphenkarten in der richtigen Reihenfolge auf den Boden legen?“

Die Idee finden alle gut, und bald liegen 29 Karten nebeneinander in einer langen Reihe. Nachdem jeder seine Karte umgedreht hat, sind alle erst mal ratlos, denn da steht: „J D R B KOMMT VON MIR IN K G L IS IM ISCAF ."

Bei Malte fällt der Groschen zuerst: „Da fehlen Vokale! Wisst ihr noch – für E und U gibt es keine Hieroglyphen. Stimmt's, Frau Klüver?"

Aber Frau Klüver ist schon ein kleines Stück weitergegangen. Sie wartet vorm Eiscafé neben dem Museum auf ihre Klasse. Und als Lukas, Malte und die anderen kurze Zeit später ihre versprochene Eiskugel lecken, sind alle derselben Meinung: Mit Frau Klüver würden sie jederzeit wieder ins Museum gehen.

Das Leben im alten Ägypten

Die **Gesellschaft** war wie eine Pyramide aufgebaut. Direkt unter dem Pharao und seiner Familie standen die hohen Beamten und Priester. Dann kam die reiche Mittelschicht, zu der auch Handwerker, Kaufleute und Schreiber gehörten. Ganz unten waren die Bauern, einfache Arbeiter und Sklaven.

Ihre **Familie** war den Ägyptern sehr wichtig. Jeder wünschte sich eine glückliche Ehe und viele Kinder. Der Mann ging arbeiten, z. B. als Bauer oder als Handwerker. Es gab auch verschiedene Berufe für Frauen, aber meistens arbeitete sie als „Herrin des Hauses“ daheim.

Der größte Teil der Ägypter lebte von der **Landwirtschaft**. Jedes Jahr überschwemmte der Nil die Felder, und anschließend wurde sofort gesät. Von der Ernte mussten die Bauern einen Teil an den Staat abgeben. Oft hatten sie nur sehr wenig zum Leben.

Die meisten **Häuser** waren mit Ziegeln aus Nilschlamm gebaut. Reiche Leute wohnten in zweistöckigen Häusern. Die Wände und Decken waren mit Bildern und Ornamenten verziert. Auf dem flachen Dach wurden Vorräte gelagert.

1

In Ägypten wurden sehr viele Götter und Göttinnen verehrt. Die Menschen konnten zu ihnen beten, aber auch von ihnen bestraft werden, wenn sie die Götter verärgerten. Zu den wichtigsten Göttern gehörten der **Totengott Osiris** (1) und der **Sonnengott Re** (2).

2

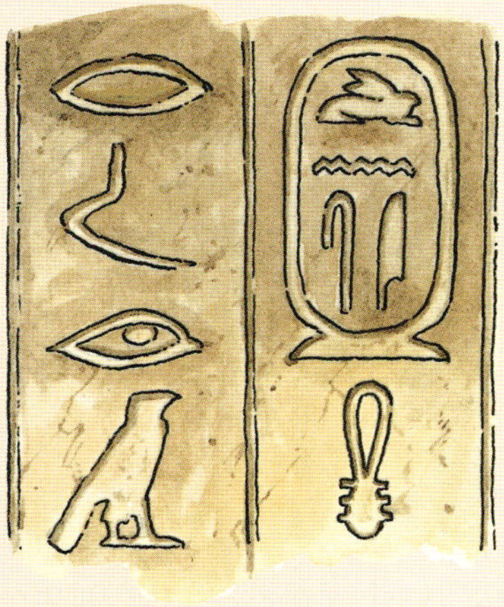

Die **Hieroglyphen** bestehen aus Bildern von Lebewesen und Gegenständen. Sie gehören zu einer der ältesten Schriften und wurden meist für religiöse Texte oder wichtige Informationen benutzt. Im Laufe der Zeit ging die Bedeutung der heiligen Zeichen verloren, und es hat lange gedauert, bis Wissenschaftler sie entziffern konnten.

Tausend Scherben

Sami ist so aufgeregt, dass er kaum ruhig stehen kann. Zusammen mit seinen Eltern wartet er in der großen Halle des Palastes auf die Ankunft des Pharaos.

Der König hat sich einige Monate in einem anderen Teil seines Landes aufgehalten. Heute gibt er ein Fest für die hohen Beamten, die in seiner Abwesenheit die Regierungsgeschäfte erledigt haben. Sie sind zusammen mit ihren Familien eingeladen.

„Steh gerade, Sami!“, ermahnt ihn seine Mutter und zupft nervös an ihrem Halsschmuck: „Und stell dich auf keinen Fall in den Schatten des Pharaos! Das bringt Unglück.“

„Ich weiß, Mama!“, sagt Sami beschwichtigend und stellt erstaunt fest, dass seine Mutter genauso aufgeregt ist wie er selbst.

Da öffnen sich auch schon die Türen, und der Pharao tritt mit seiner Hauptfrau und seinen Kindern in den Raum. Nachdem die königliche Familie sich auf einem erhöhten Podest niedergelassen hat, dürfen sich auch die Gäste setzen.

Das Fest beginnt mit Musik. Zwei Harfenspieler fangen an, nach und nach setzen Musiker mit anderen Instrumenten ein. Sami erkennt Doppelflöten und Tamburine.

„Klingt das nicht traumhaft?“, fragt seine Mutter und wiegt ihren Kopf im Takt der Musik. Das macht sie ganz vorsichtig, denn auf ihrem Kopf ist ein Salbkegel befestigt, der Parfümduft verströmt. Das ist bei festlichen Anlässen so üblich. Dienerinnen gehen mit Krügen herum und erneuern das Parfüm von Zeit zu Zeit.

Sami kann seiner Mutter gerade nicht antworten, denn er schaut mit offenem Mund auf die Tänzerinnen, die jetzt leichtfüßig in den Raum kommen. Sie sind mit leuchtenden Blumen geschmückt und tragen dünne Kleider, die bei jedem Schritt weit schwingen.

„Wie Schmetterlinge!“, denkt Sami und ist völlig begeistert.

Als die Tänzerinnen am Ende des Musikstücks langsam aus dem Raum tanzen, beobachtet Sami unauffällig die königliche Familie.

Einer der jungen Prinzen spielt am Rand des Podests mit einem Stein, den er geschickt von einer Hand in die andere wirft. Als eine Dienerin mit einem Krug in der Hand vorsichtig an ihm vorbeigeht, gibt er ihr einen blitzschnellen Schubs mit der Hand.

Sami schließt die Augen und schüttelt leicht den Kopf: „Das muss ich ja wohl geträumt haben!“ Aber als er die Augen

wieder öffnet, fällt die junge Dienerin gerade der Länge nach auf den Boden. Der Krug mit dem kostbaren Parfümöl zerbricht scheppernd in tausend Scherben.

„Das darf doch nicht wahr sein!“ Sami ist richtig empört, aber es kommt noch schlimmer: Der Prinz gluckst vor Lachen, während sie mit knallrotem Kopf die Scherben aufsammelt.

„Hast du gesehen, was der Prinz eben gemacht hat?“, fragt Sami seine Mutter. Aber sie hat nichts bemerkt und sagt nur leichthin: „Die Dienerin war wohl ungeschickt.“

„Der denkt wohl, er darf sich alles erlauben!“, grummelt Sami vor sich hin.

Während er noch böse Blicke zum Podest hinüberwirft, werden große Platten mit leckeren Speisen herumgereicht. Es gibt verschiedene Sorten Fleisch, Gemüse und Früchte. Sami nimmt sich mit den Fingern ein Stück Ente von einer Platte, aber er ist mit seinen Gedanken woanders. Die junge Dienerin hat inzwischen einen neuen Krug geholt und ist gerade hinter seine Mutter getreten. Während sie ihr vorsichtig etwas Parfüm auf den Salbkegel gießt, bemerkt Sami, dass ihre Hände zittern. Außerdem sind ihre Augen gerötet, so, als ob sie geweint hätte.

Seine Mutter sieht es nicht gern, wenn Sami mit den Dienern redet, aber sie unterhält sich gerade angeregt mit ihrer Nachbarin. Deshalb riskiert Sami es, und spricht die Dienerin leise an: „Hallo, ich bin Sami. Und wie heißt du?“

Sie wagt es nicht, ihn direkt anzuschauen, und flüstert so leise, dass Sami sie kaum versteht: „Ich heiße Anuket.“

„Ich hoffe, du hast eben keinen Ärger bekommen, Anuket!“

„Doch, ich muss den Krug und das Öl ersetzen.“

Sami weiß von seinem Vater, wie wenig ein Diener verdient. Er schätzt, dass Anuket mindestens ein Jahr lang arbeiten muss, um den Verlust zu ersetzen.

„Ich habe genau gesehen, wie der Prinz dich geschubst hat. Es war nicht deine Schuld!“

„Das würde mir Rechmire, der Haushofmeister, sowieso nicht glauben. Ich hätte besser aufpassen sollen.“

Anuket will mit ihrem Krug weitergehen, aber Sami ist schon aufgestanden. „Führ mich zu Rechmire!“ Er kann es einfach nicht ertragen, wenn jemand unfair behandelt wird.

Die Dienerin schaut ihn erschrocken an. Es ist ihr peinlich, dass der vornehme Junge so viel Anteil an ihr nimmt, aber sie gehorcht und bringt Sami zum Haushofmeister.

Rechmire kennt Sami vom Sehen. Er weiß, dass er der Sohn eines hohen Beamten ist, und hört sich höflich an, was Sami ihm über Anukets Unfall erzählt.

„...und weil es nicht ihre Schuld ist, muss sie den Krug doch bestimmt nicht ersetzen, oder?“, beendet Sami seinen Bericht.

Da beginnt der sonst so ernste Rechmire zu lächeln: „Weil sie einen so guten Fürsprecher gefunden hat, muss Anuket den Krug nicht ersetzen, junger Herr“, sagt er mit einer kleinen Verbeugung zu Sami.

„Du wirst später sicher ein ebenso guter Beamter wie dein Vater. Unserem Pharao würde dein Sinn für Gerechtigkeit gefallen“, fügt er laut hinzu. Bei sich denkt er noch: „… auch wenn unser König sicher nicht gerne hören würde, was sein Sohn wieder angestellt hat.“

Denn die schlechten Scherze des jüngsten Prinzen sind im Palast schon lange bekannt.

Als Sami abends vorm Einschlafen darüber nachdenkt, was ihm beim Fest am besten gefallen hat, muss er nicht lange überlegen. Das Schönste war für ihn das strahlende Lächeln von Anuket, als sie sich bei ihm bedankt hat. Ach ja, und die tanzenden Schmetterlinge. Die waren auch nicht schlecht.

Der Gottkönig

Der Pharao war viel mehr als nur der König seines Volkes. Seine Untertanen verehrten ihn nicht nur zu Lebzeiten, sondern auch noch nach seinem Tod wie einen Gott. Über 3 000 Jahre lang wurde Ägypten von Pharaonen regiert.

Es gab verschiedene Dinge, die den Pharao als König auszeichneten. Sie wurden **Königszeichen** genannt. Neben der Doppelkrone (1) waren das vor allem Krummstab (2) und Geißel (3), aber auch Königskopftuch (4), falscher Bart (5) und die Uräusschlange (6).

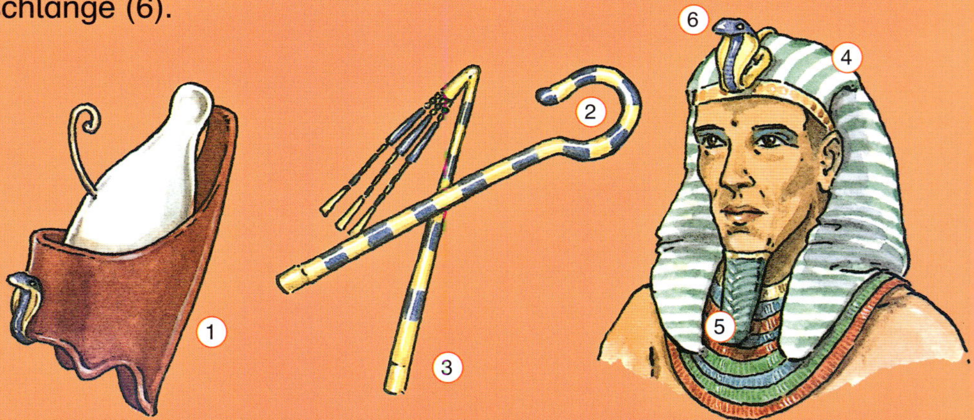

Die Hauptaufgabe des Pharaos bestand darin, das Wohlwollen aller Götter für sich und sein Land zu erhalten. Er regierte im Auftrag der Götter und brachte ihnen **Opfergaben** in ihren Tempeln. Außerdem sorgte er für Recht und Ordnung im Land und entschied über Krieg und Frieden.

Aus Respekt war es den Ägyptern streng verboten, ihren König mit seinem Namen anzusprechen. Sie sprachen stattdessen vom königlichen **Palast**, der Pharao – das bedeutet „Großes Haus“ – genannt wurde. Der König besaß mehrere Paläste in verschiedenen Teilen des Landes.

Ein Pharao hatte oft mehrere Frauen. Seine Hauptfrau war die Königin. Ihr Sohn wurde der nächste Pharao. Die letzte Königin auf dem ägyptischen Thron war **Kleopatra VII.** (69 bis 30 v. Chr.).

Nach der Vereinigung von **Ober- und Unterägypten** im dritten Jahrtausend v. Chr. durch Pharao Menes trugen Ägyptens Könige stets die Doppelkrone. In ihr waren die weiße Krone von Oberägypten und die rote Krone von Unterägypten vereint.

Ein aufregender Fund

„Puh, ist das heiß hier!“ Annika wischt sich über die feuchte Stirn.

„Was dachtest du denn?“, lacht ihre Tante Bettina. „Wir sind schließlich mitten in der Wüste.“

Bettina hat ihre Nichte gerade vom Flughafen abgeholt. Annika darf die ganzen Sommerferien bei ihr in Ägypten verbringen. Bettina ist Archäologin und arbeitet bei einer Ausgrabung mit.

Sie fahren direkt zum Ausgrabungsort. Bettina führt Annika herum und erklärt ihr, was sie bisher gefunden haben: „Wir sind hier in einer alten Nekropole. Die Mumien in diesem Grab sind über 2 000 Jahre alt.“

„Was ist denn eine Nekro… äh -dingsbums?“, fragt Annika.

„Eine Nekropole ist eine Gräberstadt. Vermutlich liegen hier mehrere tausend Mumien in unterirdischen Kammern“, erklärt Bettina. „Wir versuchen herauszufinden, woran diese Menschen gestorben sind."

„Müssen die Mumien dafür ausgewickelt werden?", fragt Annika und gruselt sich etwas.

„Nein, das machen wir heutzutage nicht mehr", beruhigt Bettina sie. „Wir benutzen eine neue Methode und zwar die Computertomografie. Du kannst dir das so ähnlich vorstellen wie beim Röntgen: Dabei können auch Bilder von deinen Knochen gemacht werden, ohne dass du dich ganz ausziehen musst."

„Ein Glück!", meint Annika. Beruhigt lässt sie sich weiter durch die Nekropole führen. Der Gedanke an nackte Mumien hat ihr auf dem Flug leichte Bauchschmerzen verursacht. Aber der Anblick der sorgfältig in Leinenbinden gewickelten Toten stört sie gar nicht.

Gespannt hört Annika Bettina zu, die ihr gerade einen bemalten Tonkrug zeigt. „In solchen Krügen waren Essen und Getränke. Sie wurden den Verstorbenen ins Grab gestellt, damit sie sich auf ihrer Reise in die Welt der Toten stärken konnten."

Plötzlich kommt ein Fellbündel herangeflitzt und springt um Bettina herum. Lachend streichelt sie sein struppiges Fell: „Darf ich dir meinen vierbeinigen Freund Flecki vorstellen? Wahrscheinlich freut er sich nur deshalb, mich zu sehen, weil ich immer etwas für ihn dabeihabe." Bettina greift in die Hosentasche und hält Annika eine Hand voll Hundefutter entgegen. „Wenn du ihn heute fütterst, seid ihr beide auch bald dicke Freunde."

Flecki ist der bunteste Hund, den Annika je gesehen hat. Sein ganzer Körper ist in

verschiedenen Farben gefleckt, und sein kurzer Schwanz wedelt wie wild hin und her. Annika kann sofort verstehen, warum Bettina ihn ins Herz geschlossen hat.

„Kommt Flecki nicht mit?“, fragt Annika, als sie wenig später vom Ausgrabungsort in Bettinas Unterkunft fahren.

„Nein, Flecki ist ein Streuner. Er ist es gewohnt, in Freiheit zu leben. Aber morgen ist er bestimmt wieder da.“

Der nächste Tag beginnt schon sehr früh. „Wir müssen rechtzeitig aufstehen, um die kühlen Morgenstunden nutzen zu können“, erklärt Bettina, als Annika sich gähnend nochmal im Bett umdrehen will.

„Aber ich hab doch Ferien!“, grummelt Annika.

„Du kannst auch gerne hier bleiben und weiterschlafen, aber ich muss zur Arbeit. Bis später!“

„Halt, man wird doch wohl mal einen Scherz machen dürfen. Natürlich komm ich mit!“, ruft Annika und springt aus dem Bett.

Am Ausgrabungsort herrscht reges Treiben. Neben den freigelegten Grabkammern schaufeln Arbeiter Sand in Eimer. Andere Männer sieben diesen Sand sorgfältig durch.

„Damit wir keine Scherbe übersehen, die hier liegt. Auch kleine Fundstücke können uns wichtige Hinweise geben“, erklärt Bettina.

Unter einer Zeltplane arbeitet Bettina mit einer Kollegin daran, eine verschüttete Grabkammer freizulegen.

Hier wurde bestimmt ein reicher Mensch beigesetzt. Das erkennt Annika an den vielen Gegenständen, die im Grab stehen.

Vorsichtig arbeiten sich die Forscherinnen mit Pinseln und schmalen Spachteln durch den Sand. In den letzten Tagen haben sie schon verschiedene Gefäße und sogar eine Statue aus Holz freigelegt. Annika bekommt auch einen Pinsel und genaue Anweisungen, wo sie arbeiten darf.

Natürlich ist auch Flecki wieder da. Er hat sich am Rand des Grabes in den Schatten der Zeltplane gelegt und beobachtet blinzelnd den Fortschritt der Ausgrabung.

Nach einer Weile muss Annika aufstehen und sich ordentlich recken und strecken. Das ungewohnte Hocken am Boden ist ganz schön anstrengend.

„Wie wäre es, wenn du einen kleinen Spaziergang mit Flecki machst“, schlägt Bettina vor. Sowohl Annika als auch Flecki finden die Idee klasse.

Der Hund läuft schwanzwedelnd voraus. Ab und zu wirft er einen Blick nach hinten, um zu sehen, ob Annika ihm folgt. In einiger Entfernung vom Ausgrabungsort senkt Flecki auf einmal die Nase und läuft schnüffelnd hin und her. Plötzlich fängt er mit den Vorderbeinen an zu scharren, dass der Sand nach allen Seiten fliegt.

„Hast du etwas gefunden?“, fragt Annika und kommt neugierig näher. Unter einer dünnen Sanddecke ist etwas zu erkennen. Annika zieht ihren Pinsel heraus und fegt vorsichtig den Sand zur Seite, wie sie es gerade gelernt hat. Die Umrisse einer sehr kleinen, merkwürdig geformten Mumie kommen zum Vorschein.

Aufgeregt ruft Annika zu Bettina herüber. „Komm schnell her! Wir haben etwas entdeckt!“

„Großartig!“, jubelt Bettina, als sie bei Annika angekommen ist, und ihre Augen leuchten. „Das könnte die Mumie einer Katze sein. Tiermumien haben wir bei dieser Ausgrabung bisher noch gar keine gefunden. Vielleicht liegen hier Gräber aus einer ganz anderen Zeit!“

Bettina krault Flecki hinter den Ohren: „Du hast dir dein Futter heute wirklich verdient!“

Dann nimmt sie Annika in den Arm und schwenkt sie einmal um sich herum: „Und was hältst du von einem riesigen Eisbecher?“

„Au ja!“, sagt Annika begeistert, und jetzt leuchten ihre Augen mit denen von Bettina um die Wette.

Mumien und Grabbeigaben

Die Ägypter hatten keine Angst vor dem Sterben, denn sie glaubten fest an ein Leben nach dem Tod. Der Körper eines Verstorbenen wurde zu einer haltbaren **Mumie** gemacht, denn nur mit einem Körper konnte man am Leben im Jenseits teilnehmen.

Vor der **Mumifizierung** wurde der Körper gewaschen. Die inneren Organe und das Gehirn wurden entfernt, nur das Herz blieb drin. Der Körper musste viele Tage zum Austrocknen in Salz liegen und anschließend mit Ölen balsamiert werden. Zum Schluss wurde er mit Leinenbinden umwickelt.

Die inneren Organe Leber, Lunge, Magen und Darm wurden bei den Reichen ebenfalls mumifiziert. Anschließend wurde jedes einzeln in einer so genannten **Kanope** bestattet und mit der Mumie ins Grab gestellt. Die Mumien der Pharaonen wurden in edle Sarkophage gebettet.

Damit dem Toten in seinem nächsten Leben nichts fehlt, wurde er mit verschiedenen **Grabbeigaben** bestattet. Er bekam Speisen und Getränke mit auf seinen Weg, aber auch Möbel, Kleidung, Schmuck und sogar Spielsachen. Je reicher der Tote war, umso wertvoller waren die Grabbeigaben.

Es wurden auch **Tiermumien** gefunden. Wohlhabende Ägypter ließen oft ihre Haustiere mumifizieren und in ihren Gräbern beisetzen.

Verschiedene Totenrituale sollten dem Verstorbenen helfen, seinen Weg ins Jenseits zu finden. Außerdem bekam jeder ein **Totenbuch** mit ins Grab. In ihm waren alle Sprüche und Beschwörungen aufgeschrieben, die der Verstorbene brauchen würde.

Die goldene Maske

„Der Pharao ist tot!"

Alle in der Werkstatt hören auf zu arbeiten und schauen entsetzt auf den Jungen, der mit diesen Worten gerade hereingestürmt ist.

„Was sagst du da, Zahi?"

„Das kann doch gar nicht sein!"

„Wie ist es passiert?"

Von allen Seiten prasseln Fragen auf Zahi ein. Aber Zahi kann leider auch nicht viel mehr berichten: „Ich war gerade vorm Palast, als drinnen das große Geschrei begann. Die Wachen haben nur erzählt, dass der Pharao gestorben ist. Ich bin gleich hergelaufen. Mehr weiß ich auch nicht!" Zahi ist immer noch ganz außer Atem.

In der Goldschmiedewerkstatt sind alle tief betroffen. Der junge Pharao war bei seinen Untertanen beliebt. Alle haben gehofft, dass er noch lange regieren würde. Und der Pharao hatte keine Kinder. Wer würde ihr neuer König werden?

„Zum Trübsalblasen haben wir jetzt keine Zeit. Das können wir später machen!“ Die Stimme von Senmut, dem obersten Goldschmied, reißt alle aus ihren traurigen Gedanken. „Ich gehe sofort zum Palast und spreche beim Wesir vor. Für uns gibt es nun viel zu tun. Zahi, du begleitest mich.“

Zahi ist Senmuts Enkel. Er erledigt viele Botengänge und einfache Arbeiten in der Werkstatt. Wenn er älter ist, wird er auch Goldschmied werden, wie alle Männer aus seiner Familie.

Vor dem Palast hat sich inzwischen eine große Menschenmenge versammelt. Es dauert eine Weile, bis Senmut und Zahi sich zu den Wachen am Tor durchgeschoben haben. Und im Palast müssen sie noch eine Zeit lang auf den Wesir warten. Aber schließlich stehen sie vor dem höchsten Beamten des Pharaos.

Der Wesir spricht mit Senmut über wertvolle Gegenstände aus Gold, die dem Pharao mit ins Grab gelegt werden sollen.

Zahi war vorher noch nie im Palast, und er ist sehr beeindruckt von seiner Umgebung. Von der Unterhaltung der Männer bekommt er nur wenig mit. Als der Wesir Zahi und Senmut entlässt, strahlt das Gesicht seines Großvaters. „Wie ich es gehofft hatte“, sagt Senmut glücklich auf dem Heimweg. „Unsere Werkstatt darf die Totenmaske für den Pharao anfertigen. Das ist eine große Auszeichnung für unsere Arbeit!“

„Heißt das, dass wir die besten

Goldschmiede sind?“, will Zahi wissen. „Es ist hochmütig, das zu behaupten“, meint Senmut nur, aber trotzdem sieht er sehr zufrieden aus.

In den nächsten Wochen haben die Goldschmiede aus Zahis Familie viel zu tun.

Für die Totenmaske werden zuerst verschiedene Entwürfe gemacht. Der Wesir entscheidet, wie die Maske später aussehen soll und welche Edelsteine eingearbeitet werden. Dann muss ein Modell aus Holz angefertigt werden. Die Maske soll später aus purem Gold sein.

Unter strenger Bewachung von königlichen Soldaten wird das Gold in großen Klumpen angeliefert.

„Gold ist sehr kostbar, und es gibt viele Leute, die gern etwas davon haben würden“, erklärt Senmut. „Zahi, du bekommst deshalb von mir einen sehr wichtigen Auftrag: Halte immer deine Augen offen, und gib sofort Bescheid, wenn ein Fremder die Werkstatt betritt!“

„Alles klar, Großvater!“, sagt Zahi. Er versteht, was Senmut gemeint hat: Das Gold gehört dem Pharao. Und Zahis Familie ist dafür verantwortlich, dass nichts davon gestohlen wird.

Die Edelsteine hat der Wesir zusammen mit Senmut bei einem Steinhändler ausgesucht, der sie in die richtige Form bringt und poliert. Zahi darf Senmut beim Abholen der Steine begleiten.

Bei Pepi, dem Steinhändler, schaut Senmut sich alle Steine genau an und ist zufrieden. Pepi hat gute Arbeit geleistet: Alle Steine sind genau gleich groß und schön geschliffen. Zum Abschied bekommt Zahi von Pepi einen kleinen blauen Stein geschenkt. „Dieser Stein ist mir bei der Arbeit zerbrochen. Wenn du möchtest, darfst du ihn als Andenken behalten."

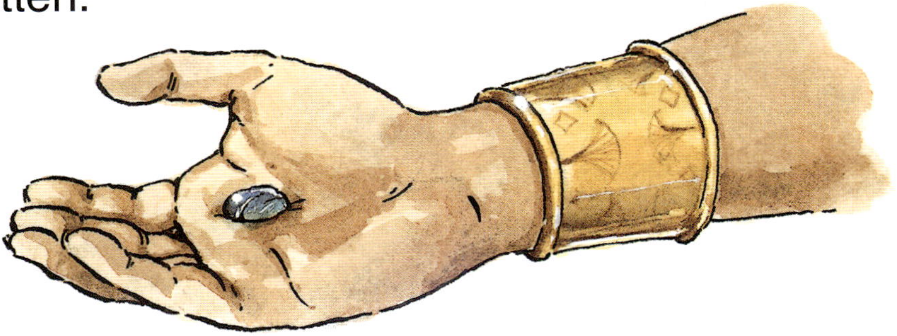

„Danke!" Zahi strahlt vor Begeisterung. Senmut ist inzwischen schon ein paar Schritte vorausgegangen. Als Zahi ihm nachläuft, bemerkt er zwei Männer, die wie zufällig an einer Mauer lehnen und seinen Großvater beobachten.

Senmut plant im Kopf schon, wie er die Steine in die Maske einsetzen will, und achtet sehr wenig auf die Umgebung. Aber Zahi hat seinen Auftrag nicht vergessen. Er geht ein paar Schritte hinter Senmut und hält die Augen offen. Ab und zu schaut Zahi sich unauffällig um, und plötzlich entdeckt er die beiden Männer wieder.

„Das kann kein Zufall sein! Die haben es bestimmt auf die Steine abgesehen“, denkt Zahi und überlegt fieberhaft, was zu tun ist. Weiter vorne werden an einem Stand reife Feigen verkauft.

Auch wenn er sich nur schwer davon trennen kann, bietet Zahi dem Händler seinen blauen Stein an. Dafür bekommt er einen ganzen Korb voller Feigen, und er fängt sofort an, die beiden Männer damit zu bewerfen. Die sind inzwischen schon bedenklich nah gekommen.

„Treffer! Und noch ein Treffer!“, schreit Zahi begeistert. Beiden Männern fliegt eine saftige Frucht mitten ins Gesicht.

„Zahi, was machst du denn da?“, ruft Senmut entsetzt und will ihm die Feigen aus der Hand nehmen. Aber anstatt sich zu beschweren, laufen die Männer, so schnell sie können, davon. „Die beiden folgen uns schon, seitdem wir Pepi verlassen haben. Bestimmt wollten sie die Steine stehlen“, erklärt Zahi.

Jetzt versteht auch Senmut, warum sein Enkel die Männer beworfen hat.

„Mit dir als Wächter brauchen wir keine Diebe zu fürchten! Und wie die geguckt haben, als ihnen der Feigensaft das Gesicht hinunterlief!“, lacht Senmut und schaut Zahi stolz an.

Auf einmal tut es Zahi gar nicht mehr Leid um seinen blauen Stein. Die Erinnerung an die entsetzten Gesichter der Männer und das Lob seines Großvaters sind ihm mindestens genauso viel wert.

Das Tal der Könige

Es sind mehr als 300 Könige bekannt, die Ägypten in den Jahren zwischen 3100 und 30 v. Chr. regierten. Nur wenige von ihnen haben sich zu ihren Lebzeiten eine eigene Pyramide errichten lassen.

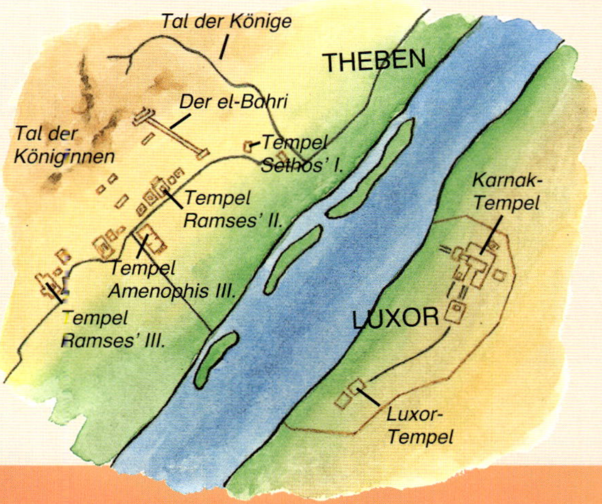

Über 500 Jahre lang wurden Pharaonen im **Tal der Könige** bestattet. Es liegt in der Nähe der alten Königsstadt Theben. Bisher hat man 62 Gräber gefunden. Allerdings wurden hier nur Könige beigesetzt. Ihre Frauen liegen im Tal der Königinnen.

Fast alle Pharaonen des Neuen Reiches (1532 bis 1070 v. Chr.) wurden im Tal der Könige begraben. Unter diesen Königen erlebte Ägypten eine Blütezeit. Im Neuen Reich regierten so bekannte Könige wie Echnaton und seine Frau **Nofretete**, Tutanchamun und Ramses II.

Tutanchamun hat man mit neun Jahren zum König gekrönt. Er wurde nicht einmal 21 Jahre alt und war ein relativ unbedeutender König. Trotzdem ist er für uns einer der berühmtesten Pharaonen, seitdem sein Grab mit wundervollen Schätzen entdeckt wurde.

Außerdem fanden die Forscher Tutanchamuns Mumie, auf deren Gesicht eine goldene **Totenmaske** lag. Sie ist ein Abdruck seines Gesichts und zeigt uns, wie der Pharao einst ausgesehen hat.

Leider sind alle anderen Gräber schon vor langer Zeit geplündert worden. Die kostbar gefüllten Königsgräber haben nämlich zu allen Zeiten **Grabräuber** angelockt. Auf die Räuber warteten harte Strafen: Ertappte Diebe konnten z. B. zur Zwangsarbeit in den Bergwerken verurteilt werden.

Imke Rudel wurde 1966 in Bremen geboren. Sie hat Biologie studiert und dabei auch als Imkerin gearbeitet. Eines ihrer liebsten Hobbys ist das Lesen. Nach der Geburt ihrer beiden Kinder hat sie damit begonnen, selbst Bücher zu schreiben. Und das ist seitdem ihre Lieblingsbeschäftigung. Mit ihrer Familie und ihrem Wuschelhund lebt sie heute in Bremen.

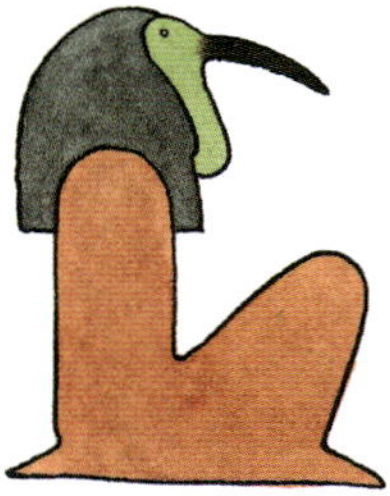

Alexander Jung, Jahrgang 75, wurde in Ludwigshafen am Rhein geboren und machte 1994 in Neustadt an der Weinstraße das Abitur. 1996 zog es ihn in den Norden, wo er an der Hochschule für Angewandte Wissenschaften Hamburg Informative Illustration studierte. Seit einigen Jahren arbeitet er als freiberuflicher Illustrator und Grafiker für Agenturen und Verlage und gestaltet neben Büchern auch viele Spiele. Besonderen Spaß machen ihm dabei Motive aus dem Fantasy-Bereich.